AF468080

SUR LES TROUBLES DE SAINT-DOMINGUE.

D'Angers, le 31 octobre 1791.

AU PATRIOTE FRANÇOIS.

MONSIEUR,

QUOIQUE malade, et pouvant à peine tenir la plume, je ne puis voir en silence les nouvelles qui se répandent sur Saint-Domingue, mon pays natal. Témoin déjà de tant de faux bruits semés par le parti despotique de ce pays, qui a su s'en faire un si considérable sur cette terre où je m'étois bonnement persuadé que l'on avoit banni tout ce qui pouvoit blesser les droits de l'humanité, pour en faire l'asyle pur et sacré, je me suis habitué, sans y songer, à recourir à un scepticisme que les Barnave, les Lameth, les Malouet, les Maury, les Blin, les Gouy et les Moreau, dit Saint-Méry, ont su inspirer à l'homme réfléchi. C'est à ce sentiment que je dois les réflexions dont je vais vous faire part, et qui, venant d'un propriétaire de la colonie, qui fortement intéressé à en suivre avec attention tous les événemens, en ayant lui-même détourné de très-funestes, a quelque droit à la confiance publique, sur un article d'où dépend presque toute sa fortune.

A

Lorsqu'il est question d'éclairer tout un empire sur un objet aussi intéressant qu'une de ses plus importantes provinces, et sur des faits sur lesquels la nation entière doit tourner tous ces regards, le bon citoyen doit écarter de sa pensée cette crainte, plus souvent affectée, de la modestie qui ne permet pas de parler de soi avec avantage; animé du seul amour du bien, il peut indifféremment citer des faits auxquels il a eu part, sur-tout lorsque les vérités qu'il a à exposer ne tendent à lui attirer ni louanges, ni récompenses. Je l'ai prouvé en ne faisant pas usage de mes droits à ces dernieres, par le temps et les faits de mes services, attestés par tous les gouverneurs de la colonie, sous les ordres desquels j'ai servi, et dont il est plusieurs en France, tels que MM. *de Raynaud*, *de Lalancour*, *de Peynier*; tous les colons qui sont à Paris, tels même que MM. *Lavie*, *Moreau*, dit *Saint-Mery*, *Blin*, etc. ont pleine connoissance de tout, ou d'une grande partie de ce que je vais dire, et sur quoi je ne crains point de rencontrer un seul contradicteur, même parmi mes envieux de la colonie.

Je parlerai donc de ce que j'ai fait, parce que le genre de mes services est nécessairement lié aux faits qui troublent la colonie en ce moment, et que les hommes de couleur libres, seuls, comme l'on verra, peuvent faire cesser, s'ils sont traités et commandés comme des hommes, et des hommes essentiels et bons citoyens doivent l'être. Par ce moyen, ils eussent aussi prévenu, pour bien des années, les désastres dont la colonie est menacée, puisqu'il lui faut des esclaves.

Je serai peut-être un peu long; mais pour une telle cause, il faut être clair, et la vérité, malheureusement, à besoin encore de s'appuyer sur des exemples pour persuader les hommes.

Au surplus, quelles sont les nouvelles arrivées de Saint-Domingue, de tant de manières différentes, et en si peu de temps ? On a vu qu'elles ont toujours été exagérées ou tronquées, selon les vues du parti colonial, dont le foyer étoit dans le comité de l'assemblée constituante, chargé d'en connoître ; on a vu les énormes dépenses des colons pour gagner une partie de la première législature ; on a vu la versatilité des demandes de la fameuse assemblée de Saint-Marc, qui n'a pu se réhabiliter qu'en flattant et qu'en semblant embrasser le parti barnavien ; on a vu que le parti colonial et le parti ministériel étoit un synonyme reçu de tout le public ; on a vu, d'une part, la lenteur, ou plutôt le criminel silence du ministre, lorsqu'il a fallu faire partir les commissaires pour le décret du 15 mai, et de l'autre son extrême précipitation pour les expédier, lorsqu'il a fallu annoncer la révocation de ce décret qui sauvoit l'île, s'il eut été accueilli dans la colonie ; on a vu encore l'empressement de ce ministre à faire partir deux bataillons sur des oui-dires, pour un lieu qui est devenu tout ministériel, et que l'on peut justement soupçonner de chercher à se fortifier, pour être en état de rejeter un décret dont il ignoroit la suppression ; on a vu la crainte et les manœuvres des ministériels pour écarter de la seconde législature les Brissot, les Clavière et les Fauchet, poursuivis jusques dans l'assemblée même ; on a vu le grossier stratagême du commerce pour seconder le parti barnavien ; on a vu l'exagération dégoûtante du rapport de l'armateur du *Triton*, sur le nombre des nègres tués dans la sortie des blancs contre eux ; on a vu enfin, pour abréger, que la lettre de la municipalité du cap, arrivée à Nantès le 27 du courant, réduisoit ce nombre à la centième partie. Eh bien! avec un peu de temps on apprendra peut-être qu'il faut encore réduire cette centième partie. Mais en supposant qu'il fût vrai qu'il y ait eu cent nègres tués par les blancs, je n'y verrois rien qui annonçât une conspiration générale, mais seulement une suite du projet, plusieurs fois formé par quelques nègres déterminés, depuis plus de quatre-vingts ans, de secouer le joug de l'esclavage, et de s'isoler dans les bois. C'est ce que je vais démontrer par l'historique suivant des maronnages des nègres, depuis cette époque, sous des chefs et par des bandes soumises à à une sorte de discipline.

Je commencerai par citer *Polydor*, nègre intrépide et entreprenant qui, en 1703, se forma une bande de nègres marons, avec laquelle il attaquoit et massacroit impunément les blancs jusques dans leurs maisons, portant l'audace et le crime jusqu'à leur enlever leurs filles et leurs femmes. On marcha envain contre lui, on ne put jamais le joindre. Ce ne fut qu'après sept ans des plus cruels excès, qu'ayant commis un acte de violence envers un de sa bande, il en fut assassiné.

Trois ans après il fut succédé par un autre nègre non moins barbare, courageux et plus fin, nommé *Chocolat*. Il eut bientôt formé sa bande, et il se mit à commettre les mêmes atrocités; plus adroit et plus hardi que Polydor, il les eut poussées bien plus loin s'il ne se fût noyé en traversant la rivière à Limonade, après avoir inquiété et pillé les blancs pendant près de douze ans.

Diverses circonstances ayant conduit plus de blancs dans la colonie, les campagnes s'étant établies, ce moyen ne parut plus praticable aux esclaves entreprenans pour exécuter leur projet. Un nègre, nommé *François Mancandal*, homme profondément méchant et habile à capter les esprits de ses semblables, s'en empara au point qu'ils portèrent pour lui le respect, la confiance et la vénération jusqu'au plus grand fanatisme : ils croyoient fermement que Mancandal étoit envoyé tout exprès du ciel pour délivrer tous les esclaves de leur joug, et que, dussent-ils même mourir pour lui, ils ne feroient que retourner dans leur patrie, au sein de leur famille, recevoir la récompense due à leur courageux dévouement. Quand Mancandal crut être bien assuré de l'esprit de tous les esclaves, il recourut à un moyen d'autant plus perfide et plus sûr, qu'il étoit plus difficile de s'en garantir. Il employa, au lieu de fer, le poison, qui ne laissoit aucune trace de la main qui l'avoit préparé. Dès 1748, il fit des ravages effroyables dans les villes et dans les campagnes : les blancs ne mangeoient plus qu'en tramblant. Heureusement pour la colonie, Mancandal fut trahi par une négresse créole qui aimoit son maître, et qu'on avoit chargée de l'empoisonner. Ce conspirateur infâme fut pris et brulé ; des milliers de nègres périrent dans les cachots et les buchers, et la colonie fut préservée pour cette fois.

L'espoir des esclaves ne se perdit point ; inspirés par un chef plus fin que tous les autres, puisqu'il n'a jamais été découvert, et qu'il avoit su donner le mot d'ordre à tous les esclaves, en moins d'un mois ils formèrent le dessein horrible de massacrer tous les blancs, à l'instant de l'élévation de la messe de minuit. Une jeune mulâtresse, qui aimoit encore son maître, en eût connoissance et l'en prévint, ce qui sauva encore les blancs cette fois.

Ces grandes entreprises paroissant à la plus grande partie

trop difficiles à exécuter comme il faut, les plus déterminés ne songèrent plus qu'au marronnage, dont les montagnes inaccessibles de la colonie leur offroient des ressources assurées. Il en partit un grand nombre dans la partie de l'ouest et du sud, qui infestèrent bientôt les montagnes des Grands-Bois et de Neyba, d'où ils ravageoient également les habitations françoises, et les hattes espagnoles. Les deux gouvernemens se concertèrent et firent bientôt marcher des troupes de ligne et de milice contre ces brigands; mais elles ne purent jamais les découvrir, ne pouvant pas même pénétrer sur ces montagnes trop escarpées et trop éloignées pour pouvoir y porter des munitions de bouche et de guerre, et où on marchoit des jours entiers sans pouvoir trouver une goutte d'eau pour se désaltérer. Les détachemens espagnols, à qui il faut moins de provisions, arrivèrent jusqu'au pied de Neyba; mais des rochers préparés et suspendus furent lancés sur eux, et tuèrent ou blessèrent un grand nombre d'hommes. On renonça des deux côtés à des poursuites démontrées inutiles, et l'on traita avec ces nègres, qui, s'étant déclarés libres, sont tributaires de l'état, sous condition de ne plus souffrir de nouveaux marrons parmi eux. Cette clause du traité exactement observée, força les nouveaux marrons à se jetter dans les montagnes du Port-de-paix, du Borgne, de Plaisance, du gros Morne, du Dondon, de la Grande-rivière, de Vaslière, de Limonade et du Dauphin, d'où ils se réunissoient par détachemens avec d'autres retirés dans les montagnes espagnoles de Laxavon, pour aller chas er les bêtes dans les hattes, pour venir échanger la viande avec les nègres des habitations, contre des vivres du pays, et contre du plomb et de la poudre.

Les choses en étoient à ce point, lorsque, sous le premier *interim* de M. de Rainaud, les bandes des nègres marrons, devenues considérables, osèrent enlever ouvertement des vivres dans les habitations des frontières. Les milices ne cessoient de faire des détachemens contre les marrons, mais toujours sans succès. Une des principales bandes, commandée par le nègre Toussaint, se trouvoit cantonnée dans la montagne Noire, dépendante de mon quartier. Plusieurs de mes nègres s'y étoient retirés. Quoique très-jeune, j'obtins, comme officier de M. de Raynaud, un ordre de chasse contre cette bande. Elle étoit composée de près de cent nègres. Je pris avec moi soixante mulâtres, bien composés, et je me portai au lieu de leur retraite, que j'avois su découvrir. Ils firent une vigoureuse résistance ; mais leur chef ayant été tué, ainsi que ses principaux soutiens, une grande partie blessés, le reste voyant fondre sur eux les intrépides mulâtres le sabre à la main, prirent la fuite ; on en prit quatorze à la course, et neuf qui étoient restés sur le champ de bataille, avec le chef et six autres tués ; sept mulâtres furent blessés ; mais aucun ne périt. Le bruit courut au cap que j'avois tué deux cents nègres et pris plus de cent.

Ce succès dissipa entièrement cette bande, et fit rentrer tous les marrons chez leurs maîtres. Mais les autres bandes n'en continuèrent pas moins leurs ravages dans les autres quartiers, jusqu'en 1774, parce que les petites vues de préséance ne permettoient pas de m'y envoyer à l'âge où j'étois, n'étant que lieutenant, comme commandant un détachement dans des quartiers qui n'étoient pas les miens. Les nègres ne l'ignoroient pas : il s'en forma trois bandes considérables dans les quartiers Dauphin, des Ecrévisses et de Vallière, qui portèrent l'audace au point de faire justement craindre une révolte ouverte et générale. Le gouvernement recourut à son moyen bannal de mettre la tête des chefs à prix. Il réussit à l'égard de la bande commandée par Noël Barochen, qui avoit osé camper au bord des habitations ; il fut trahi par un des siens, et tué par un ancien soldat apposté à cet effet. La bande se rejetta dans celle de Bœuf, et sur-tout de Canga, qui grossissoit chaque jour, et qui passoit déjà pour avoir plus de quinze cents nègres. Ces deux bandes devinrent plus acharnées depuis la mort de Noël, et exercèrent publiquement des actes de violence, à main armée, sur les habitations. M. d'Ennery, qui gouvernoit alors la colonie, mit sur pied toutes les milices du lieu, fit faire continuellement des patrouilles et des chasses. Mais tandis qu'on cherchoit les nègres d'un côté, ils pilloient les habitations d'un autre. Plusieurs détachemens étoient tombés dans leurs piéges et s'étoient estropiés. La chose parut devenir plus sérieuse que jamais : c'étoit le sujet de toutes les conversations du pays, et tout le monde étoit dans la persuasion, et de fait, qu'il y avoit plus de dix mille nègres dans ces deux bandes seules. Dieu sait comme les faits étoient exagérés sur les lieux mêmes !

M. Fontenelle, commandant d'artillerie au cap, ayant ses biens dans le même quartier que moi, et se ressouvenant de ce que mon détachement avoit fait contre Toussaint, en fit le récit à M. d'Ennery, et lui conseilla de former un corps de mulâtres chasseurs à mon choix, et de m'en nommer le commandant, l'assurant qu'avant deux mois je purgerois le pays de ces scélérats. Le général adopta ce conseil, et m'envoya une commission pour former ce corps. En trois jours j'avois les cent vingt-six mulâtres chasseurs, et six officiers blancs pour me seconder. J'eus bientôt découvert où se tenoit la bande de Canga ; j'allai l'y attaquer. Il m'opposa une courageuse défense, à la tête de trois cents nègres qui formoint son armée. Il ne blessa que trois chasseurs, dont un seul mourut. Il eut dix-neuf nègres tués, huit blessés et pris sur le champ de bataille, et vingt trois à la course par les mulâtres intrépides. Canga reçut une balle à la tête ; mais fort et ingambe, il sut nous échapper, et se traîna jusques dans une habitation d'un mulâtre, dont les deux enfans le prirent. Le reste de la bande fut dissipé ; quatre-vingt et quelques se rendirent blessés chez leurs maîtres.

Je me mis aussi-tôt à la poursuite de la bande de Bœuf, dont j'avois découvert aussi la retraite. Il en fut averti. Saisi de terreur, il abandonna sa bande, qui se rendit dans les habitations d'où elle sortoit. Je pris, en m'en retournant dans mon quartier, beaucoup de nègres que la peur avoit dissipés dans les bois, et je laissai toute la partie Dauphin sans un marron ; je dissipai ou pris tous ceux qui s'étoient réfugiés dans les hautes montagnes esgnoles. De là je me portai dans celles du Don et de la partie espagnole qui l'avoisine, et j'en dissipai les marrons, dont je pris une trentaine. Sur le bruit de mes succès et de mon approche, les nègres des autres quartiers rentrèrent chez leurs maîtres, et le calme se rétablit par-tout. Il est bon d'observer en passant, que de mes six officiers, un seul, M. le Tellier, put soutenir une partie de mes courses ; deux en sont morts ; mais c'étoit un jeu pour les mulâtres.

Je n'oubliera pas d'observer aussi que malgré tout ce que je pus dire pour attester la vérité, il est resté dans la croyance publique de la colonie, que j'avois tué plus de cinq cents nègres, et dissipé plus de dix mille; que j'avois eu cinquante chasseurs de tués dans les diverses actions; que j'avois été blessé, etc, etc.

Après la mort de M. d'Ennery, je partis pour la nouvelle Angleterre. Six mois après, les nègres recommencèrent d'aller maronner par bandes, et ces bandes se formoient déjà dans plusieurs quartiers. Le corps des chasseurs étoit rentré dans le néant, avec le souvenir de ses services. On en avoit formé deux compagnies de la milice du quartier; on les fit marcher, sous les ordres de leurs capitaines, contre les marrons; mais lorsqu'ils vouloient gravir les montagnes où ils pensoient rencontrer les nègres, leurs capitaines, à demi morts de fatigue, s'y refusoient.

La bande la plus considérable se forma sous la direction du nommé *François*, nègre très-intelligent, et capable également par son courage, des plus grandes entreprises. Sa bande assassina, par ses ordres, plusieurs blancs françois et espagnols, et pilloient les habitations et les hattes. Revenu de mon voyage, la voix publique, en 1789, m'appeloit hautement à mon premier emploi; mais devenu père de famille, je ne servois plus que comme simple milicien dans mon quartier, et ne songeois plus à reprendre un service opposé alors peut-être à mon âge. Le public s'adressa à M Vincent, commandant du cap, pour obtenir de M. Chisseau le rétablissement du corps des chasseurs, sous mon commandement. Le gouvernement espagnol s'étoit joint à cette demande des habitans françois. M. Vincent m'en fit la proposition; mais je consentis seulement à dissiper les attroupemens des nègres, ne pouvant plus abandonner mes biens pour suivre ce service trop assujettissant. Le général, sur ma demande, me fit expédier des ordres de chasse, et le pouvoir de prendre avec moi, pour les exécuter, tel nombre de mulâtres que je le jugerois à propos. En moins de trois mois j'avois pris plus de cinquante nègres, tué une vingtaine, le chef du nombre, et dissipé tous les attroupemens, sans le secours d'aucun blanc, n'en trouvant pas un seul qui voulût hasarder de m'accompagner dans ces doubles montagnes, à travers mille dangers, sans parler de ceux du climat, au milieu des pluies de l'été. J'en reçus de belles lettres du gouvernement et du commandant, comme à l'ordinaire; et, l'ordre rétabli par-tout, je me retirai tranquillement à mes affaires, et tout finit par là.

Le bruit courut encore, dans toute la colonie, que j'avois pris ou tué plus de deux mille nègres; que dis-je? au cap même, à huit lieues de l'endroit, on disoit affirmativement que j'en avois pris ou tué plus de dix mille. Témoin de cette excessive exagération, je puis donc, sans trop hasarder, réduire les cent nègres tués dans la sortie des blancs du Cap à une dixaine, la révolte à quelques attroupemens, connoissant l'esprit colonial actuel, qui n'est pas porté à diminuer le rapport de tels faits.

En 1790, étant député de l'assemblée du Nord, le bruit se répandit tout-à-coup qu'il y avoit dans le morne du Cap un attroupement considérable de nègres, bien pourvus de fusils, canons, etc. qui formoit le noyau d'un soulèvement général de nègres de la colonie. Je fus chargé d'en prendre des informations. Mes recherches m'apprirent qu'il y avoit une trentaine de nègres marrons de ce morne, armés, les uns de manchettes, les autres de serpes, et j'en rendis compte à l'assemblée; le bruit subsistoit, je ne pus persuader. L'assemblée me témoigna le desir que je fisse une chasse contre ces nègres. Je ne demandai que cinquante mulâtres ; mais on vouloit déployer plus de force. On me donna, malgré toutes mes représentations, six cents hommes de troupes, tant de ligne que patriotiques, pour faire cette chasse. Ce rassemblement considérable fit tant d'éclat, occasionna tant d'apprêts, que les nègres en furent informés et décampèrent. Je le sus, et j'en prévînt l'assemblée, en l'engageant à contremander le détachement. Mais dans les vues, disoit-elle, assez impolitiquement, d'en imposer aux esclaves, elle exposa les blancs, qui marchoient à l'envi, à se rendre de fatigue à moitié route, et les mulâtres à faire une corvée excessive sans sujet. Je les conduisis dans les cases des marrons, qui venoient récemment de les abandonner. De retour de cette fameuse expédition, j'appris que cette trentaine de nègres s'étoient retirés auprès de cent autres dans les montagnes du Borgne, du Port-de-paix et du gros Morne : je m'offris à les y aller attaquer, à la tête de cent mulâtres ; l'assemblée s'y refusa. Ce n'est que depuis le désarmement des hommes de couleur libres, que j'ai su pénétrer les vrais motifs de ce refus.

Ne seroit-il pas possible que les nègres eussent formé de nouvelles bandes de marrons, et que ce qu'on qualifie à dessein d'un soulèvement général, pour effrayer l'assemblée, ne fût qu'un de ces incidens dont je viens de parler, et grossi, selon la coutume de tout temps de ce lieu, et les vues de l'esprit colonial ? Car, les colons n'ont rien oublié pour faire paroître le décret du 15 de mai, comme environné de tous les dangers pour eux. Mais comment pourroient-ils attribuer cette révolte des nègres à ce décret, qui seul pouvoit la prévenir ? C'est en supposant qu'il y avoit des blancs et des mulâtres à la tête des nègres révoltés. Mais comment concilieroient-ils cette nouvelle avec cette lettre que j'ai reçue du Cap, en date du 28 juillet, où je trouve cet article ? » Soyez sûr que si nous disions un mot, nos esclaves, indignés de l'audace des hommes de couleur libres de vouloir s'égaler aux blancs, les massacreroient impitoyablement. Ils ne cessent de nous en demander la liberté ; mais les sang-mêlés étant tranquilles, nous nous gardons bien de permettre à nos esclaves une telle action, et qui, en leur mettant les armes à la main, finiroit par les leurs faire tourner contre nous-mêmes «.

Il se pourroit cependant que les esclaves, toujours enclins à la révolte, voyant les injustices exercées contre les libres, et voyant désarmer les seuls hommes qu'ils craignissent, et qui fussent en état de les poursuivre dans les montagnes escarpées où ils se tiennent dans leurs marronnages, sûrs du ressentiment et de l'impuissance de leurs antagonistes, voulussent en profiter, pour secouer le joug comme, ils l'ont déjà tant de fois tenté. Mais, en ce cas, à qui en seroit la faute ? Ce seroit le fruit d'un barbare et sot préjugé. Mais pour arrêter le mal, ces colons orgueilleux qui, foulant leurs sauveurs sous leurs pieds, qui arrêtent les navires pour avoir des hommes pour les défendre, qui en demandent à grands cris à la mère-patrie, qu'ils menaçoient d'abandonner dans leur prospérité illusoire, ou plutôt dans leurs folles prétentions, remettront-ils les armes à la main de ceux qu'ils ont avilis et méprisés, pour leur confesser leur impéritie, et les appeler à les défendre contre leurs esclaves qu'ils avoient seuls contenus si long-temps ? et ces hommes dégradés par la sottise et la vanité, que répondront-ils ? . . . Oh ! je les connois ; sans réfléchir, oubliant toutes les infâmies exercées sur eux, ils reprendront leurs armes, pour prouver aux colons, dans leur plus grande détresse, combien ils les ont peu connus. Mais les colons voudront-ils recourir à eux, et un dernier effet de leur pusillanimité ne seroit-t-il pas de les dédaigner encore ? Alors, hélas ! je ne puis le taire, la colonie est perdue sans ressource, dans le cas d'un soulévement général, ainsi que je l'ai déjà prouvé ailleurs.

Je n'ajouterai aucune autre réflexion aux faits que je viens d'exposer ; si vous les jugez dignes de passer au public, soit en tout ou en partie, il les fera de lui-même : je désire seulement que l'assemblée n'y soit pas indifférente ; le salut de la plus riche des colonies en dépend. Mais, dans tous les cas, je crois qu'elle feroit bien de ne rien précipiter : de telles nouvelles doivent être absolument officielles. On ne doit pas perdre de vue ce que la lettre de la municipalité du Cap rapporte, et qui rabat déjà quatre-vingt-dix-neuf centièmes de la nouvelle du *Triton*. Elle ajoute qu'on poursuivoit les autres nègres vigoureusement. Il est très-certain que si les nègres étoient généralement en insurrection, il seroit impossible de les poursuivre, eût-on dix mille hommes de troupes de ligne : tandis qu'on les chercheroit dans un quartier, où l'on aura mis plus d'une semaine à se rendre, les autres seroient ravagés, et, en moins de vingt-quatre heures, il seroit impossible aux blancs qui échapperoient à la fureur des insurgens dans les habitations, de les aller attaquer où ils se retrancheroient, et où l'on ne pourroit porter ni munitions de guerre, ni provisions de bouche. Je laisse à votre sagesse à mesurer l'étendue de cette cruelle, mais grande activité.

J'ai l'honneur d'être avec un sincère et fraternel attachement, Monsieur,

Votre très-affectionné serviteur,

MILSCENT, créole.

P. S. ETANT malade, je n'ai pu finir ma lettre qu'hier au soir; et ce matin, on me remet les nouvelles de Paris: Je lis le rapport affligeant du Patriote françois sur les funestes troubles de ma patrie, du lieu où j'ai laissé presque toute ma fortune, et une mère tendre et chérie. Après les larmes dont je n'ai pu retenir le juste tribut, je réfléchis, et mon effroi diminue aussi-tôt. Que sont-ce des nouvelles venues par un navire étranger? Ayons assez de sang-froid pour nous bien persuader que si la colonie se trouvoit dans une situation aussi urgente, elle enverroit expressément, non pas un aviso, mais dix pour l'annoncer officiellement à sa mère-patrie, dont elle implore les secours. Ce ne sera qu'à ceux qui ne connoissent pas le pays que l'on pourra persuader, 1°. que 50 mille nègres se soient rassemblés dans une plaine qui n'en peut nourrir dix mille; 2°. que les nègres rassemblés en si grand nombre n'eussent pas de suite emporté toutes les villes de l'île, s'ils se fussent procuré des canons; 3°. qu'ils aient trouvé des canons et des munitions de guerre en si peu de temps, puisque la lettre de la municipalité du Cap ne parloit que d'une poignée d'esclaves, que les blancs poursuivoient si vigoureusement quelques jours auparavant; 4°. que les nègres, non expérimentés, ayant su se retrancher si vîte dans une plaine où ils peuvent être attaqués de toutes parts ; 5°. qu'ils sachent même faire usage du canon, sans des artilleurs instruits ; 6°. qu'on n'ait que 1500 hommes à leur opposer ; ce seroit compter pour rien les troupes patriotiques du pays, ainsi que les hommes de couleur. Mais qui nous dira si tout cela n'est pas un jeu du parti colonial, pour avoir des troupes pour mieux exécuter son dessein ? Qu'on n'oublie pas la prompte expédition des deux bataillons de troupes de ligne, au lieu de volontaires, que le ministre, si momentané dans sa vigilance, vient d'ordonner. Je dirai donc, avec M. Brissot, ne nous pressons pas de nous alarmer et de tout croire ; et s'il faut croire absolument, croyons que le ministre si bien intentionné n'enverroit pas que deux bataillons pour secourir une colonie qui auroit à souffrir l'attaque de plus de 94 mille nègres en état de porter les armes. Le soin de l'assemblée de la colonie à poser un embargo pour nous intercepter toute connoissance de ce qui s'y passe, au lieu de nous en instruire officiellement par dix goëlettes qui ne la priveroit pas de beaucoup de soldats ; ce soin, dis-je, nous recommande assez d'être en garde contre les manœuvres du parti colonial.

Faits importans qu'on ne sauroit trop souvent représenter au public et aux législateurs, et qu'il faut bien poser avant de résoudre les problêmes qui les suivent.

L'Assemblée générale de Saint-Domingue ne s'est constituée telle qu'à la majorité de 67 voix contre 46.

Il est démontré que les trois cinquièmes seulement de

la colonie sont contre le décret du 15 mai ; il est donc prouvé qu'il y a dans l'île deux partis distinctement prononcés.

Le *Triton*, sortant de Léogane, devant débouquer conséquemment par les îles Turques, ou par le débouquement anglois, rencontre cependant, sur les côtes de Saint-Domingue, une goëlette expédiée du Cap, laquelle lui apprend qu'elle est porteuse d'ordres de M. Blanchelande, pour aller poser l'embargo sur tous les navires des ports de la colonie. Cette goëlette fait au *Triton* le récit d'une révolte des nègres de Limonade, l'Accul, le Limbé et le Borgne ; elle dit que les blancs avoient déjà fait une sortie contre les rébelles, dont ils avoient tué dix mille ; qu'on se préparoit à une seconde sortie, etc.

Un navire arrivé à Nantes le 27 d'octobre, venant du Cap même, ne portant aucun détail particulier, mais seulement une lettre de la municipalité de cette ville, qui réduit le rapport du *Triton* à la centième partie.

Peu de jours après, une frégate angloise se trouve porteuse de lettres qui font monter le rassemblement des esclaves révoltés à cinquante mille, bien retranchés dans la plaine du Cap, à deux lieues de cette ville, ayant à leur disposition canons, poudre, etc.

Lorsqu'il s'agissoit d'employer les moyens les plus sévères pour prévenir les funestes effets de la division des esprits dans leur principe même, on ne put obtenir du ministre, pétrifié par le parti colonial, de faire partir, non-seulement les gardes nationaux qui s'y offroient si généreusement, mais, pas même les commissaires de paix dont la partie saine de l'assemblée constituante avoit décrété l'envoi. *Cette criminelle inexactitude du ministre fut ignorée de l'assemblée pendant trois mois !*

Aussi-tôt que le bruit de la sédition de Saint-Domingue s'est répandu, ce même ministre, qui n'en est point prévenu officiellement, et qui n'en a ni décret ni ordre, s'est empressé de faire partir deux bataillons de *troupes de lignes*, qui sans doute lui sont bien connus, et dont M. Blanchelande n'aura pas à se plaindre.

Lorsqu'on apprit la révolution de la France à Saint-Domingue, et qu'on voulut y propager les heureux principes, la crainte du pouvoir exécutif du pays, que l'on connoissoit parfaitement, fit imaginer un stratagême singulier pour donner un motif apparent à une prise d'armes spontanée et générale; ce fut de répandre subitement dans la ville du Cap le bruit d'une invasion prochaine de plus de 20 milles nègres armés, qui venoient pour enlever la ville, et la livrer au carnage et au pillage. On joua le mieux du monde cette comédie: il étoit dix heures du soir; l'obscurité seconda merveilleusement ce projet. Chacun courut aux armes; on s'assembla sur la place en moins d'un quart-d'heure. Le peuple étoit de bonne-foi; la peur le rendit actif: il n'y avoit que peu de personnes dans le mystère. Enfin, ce fut de ce moment que le peuple s'empara du pouvoir, et que l'exécutif fut obligé d'y accéder.

Problême à résoudre.

1°. Le même stratagême ne peut-il pas être répété?

2°. La colonie étant manifestement divisée d'opinions et de principes, qui nous dira si la majorité de l'assemblée coloniale n'est pas le parti ministériel, et conséquemment l'opposant au décret du 15 mai, dont il ignoroit alors la révocation?

3°. Le parti opposant, quoique plus considérable, ne peut-il pas avoir recouru à un nouveau stratagême pour obtenir du ministre, par un motif assez spécieux pour ne le pas compromettre, des forces nécessaires pour balancer l'autre parti et le contraindre à céder? et tout cela ne pourroit-il pas avoir été soufflé d'ici même?

4°. Cette marotte n'a-t-elle pas eu tout le temps de se préparer et d'être envoyée par les Barnaviens, dont le parti n'est pas le plus foible en France, étant confondu avec le ministériel?

5°. L'embargo posé par le général dévoué au parti colonial, ne seroit-il pas une indication d'un enchaînement de manœuvres perfides? Le général ne devoit-il pas expédier de suite des avisos, pour informer la France de l'état de la colonie, qui exige de si prompts secours?

6°. N'est-il pas inoui, et comment expliquer le silence de tout l'équipage du navire arrivé à Nantes, le 27 d'octobre, sur cet état du lieu même d'où il vient?

7°. Deux bataillons réunis, à quinze cens hommes, sont-ils en état de faire rentrer dans la subordination cinquante mille esclaves bien retranchés et bien armés, auxquels peuvent se joindre plus de quarante mille autres, sans parler de trente mille hommes de couleur libres qu'on a réduits à se jeter de leur côté?

8°. Le ministre n'ayant fait partir ni troupes ni commissaires quand il l'eût fallu, comment expliquer actuellement son empressement?

MILSCENT, créole.

DE L'IMPRIMERIE DU PATRIOTE FRANÇOIS,
Place du Théâtre Italien.

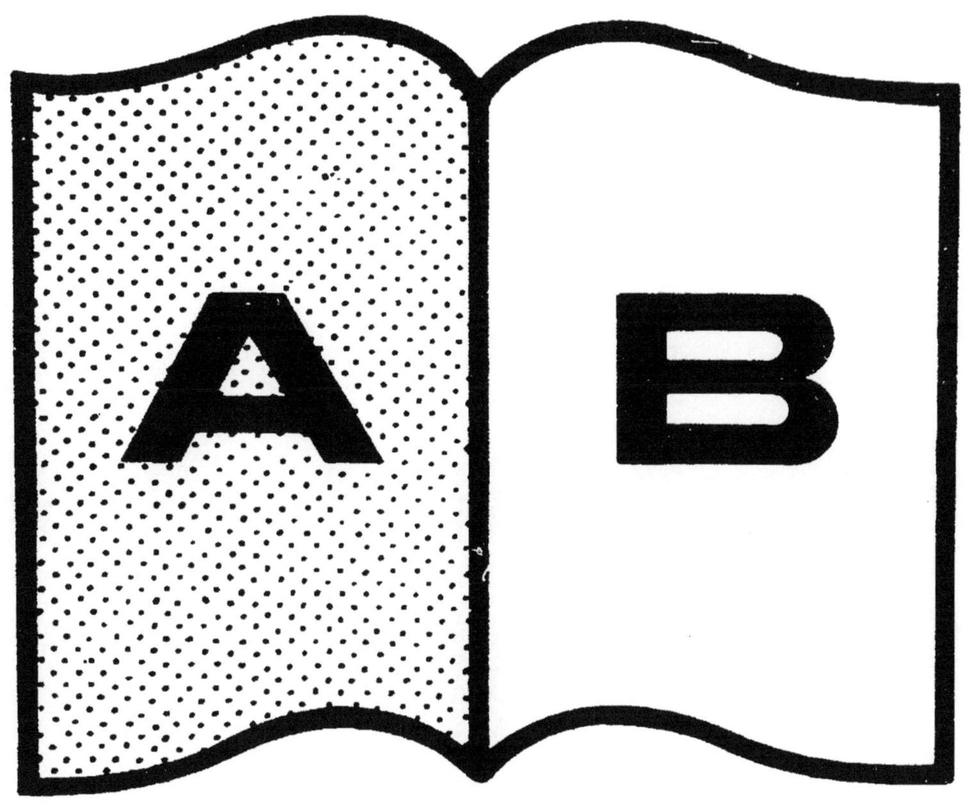

Contraste insuffisant

NF Z 43-120-14

www.ingramcontent.com/pod-product-compliance
Ingram Content Group UK Ltd.
Pitfield, Milton Keynes, MK11 3LW, UK
UKHW020550230726
13925UKWH00006B/2496

9 782013 578639